AF468000

LÉON GAMBETTA

DEVANT

L'OPINION PUBLIQUE

Par G. GÉO-RÉMY

Prix : 50 centimes.

NANTES
IMPRIMERIE ADMINISTRATIVE DE PAUL PLÉDRAN
Quai Cassard, 5, près le pont d'Orléans.

1875

Lb 57
5462
A

AVANT-PROPOS

Lorsque, après ces quatre années écoulées, l'on se met à réfléchir sur les évènements du passé, on se trouve mieux disposé à les examiner avec sang-froid.

Maintenant que la situation politique est entrée dans une période de repos, ce qui signifie que l'explosion du volcan est ajournée; l'esprit n'étant plus sous la menace d'une catastrophe immédiate, se trouve plus apte à peser le pour et le contre des choses.

***

Notre malheureux pays depuis bientôt 86 ans se trouve secoué par des révolutions sociales qui ont fait de Paris l'émule de ces républiques de l'Amérique du Sud, où la révolution et l'émeute sont à l'état permanent, et ont fait du Paris révolutionnaire la patrie de tous les déclassés et des aventuriers de l'Europe et du Nouveau-Monde.

La cause en est d'abord à la révolution de 89, qui a porté un coup terrible au principe autoritaire quel qu'il soit : *Royauté*, *Empire* ou *République*.

Le peuple qui l'a faite, l'a faite au profit de la Bourgeoisie, au dépens de la Noblesse. A l'heure qu'il est, ce n'est plus la Noblesse qui est l'objet de la haine du peuple, c'est la Bourgeoisie. Il n'a fait que changer de haine et de maître, car s'il ne subit plus maintenant la servitude de la Noblesse de nom, il subit celle de la Noblesse des écus. Le Bourgeois a pu apprécier dans ces derniers temps, que ce n'était pas tout de déchaîner cette bête féroce et sanguinaire qui s'appelle le peuple. Une fois en liberté elle dévore ceux-mêmes qui ont brisé ses chaînes.

Le peuple devrait se mettre dans l'idée, une fois pour toutes, qu'il est et ne sera toujours qu'un marche-pied pour les ambitieux de toute nature, lesquels, lorsqu'il aura aidé à faire une révolution, lui mettront sur le dos et les crimes et les massacres, et enfin l'écraseront sans pitié.

Le peuple n'est qu'un moyen, et si les générations ne changeaient pas, il en aurait fait l'expérience. Ce qui explique pourquoi, presque toujours, les révolutions sont faites par la génération suivante, et qu'on peut prédire presque avec certitude que la durée d'un gouvernement en France sera de 20 ans.

Lorsque je lis, et que j'entends des écrivains socialistes promettre le bien-être au peuple, je ne puis m'empêcher de trouver cela d'une insigne mauvaise foi, car ils savent bien qu'il y aura toujours des pauvres et des riches. C'est malheureusement la règle qui fait la société; car, pour que tout le monde soit égal comme richesse, il faudrait revenir à la vie sauvage, et que l'homme vécut de chasse et de pêche. L'extinction du Paupérisme est donc une utópie, généreuse soit, mais c'est une utopie.

Si l'extinction en était possible, elle fermerait à tout jamais l'ère des révolutions; car s'il était possible de donner à tous le nécessaire, le peuple ne bougerait pas, car il n'a pas d'opinion politique. La preuve de ce que j'avance est dans l'histoire du siège de Paris, époque pendant laquelle le Peuple avait le nécessaire et où le vol était devenu inconnu. Il est une règle malheureuse, mais qui est vraie, qui dit que pour qu'une nation ou qu'une armée soit forte, il faut qu'elle *soit ignorante*. C'est pourquoi je ne suis nullement pour l'instruction obligatoire. Cette théorie n'est pas humanitaire, je le sais, mais il n'y a pas d'humanité en politique; je ne dis pas ceci par haine ni par mépris du peuple, car rien ne serait plus juste. Mais la force d'un gouvernement est dans l'ignorance des masses. Avec cette funeste habitude de raisonnement qu'a le peuple en France, l'instruction ne peut faire que du mal. Supposons pour un moment que tous les Français soient égaux comme instruction. Qu'aurez-vous fait?

Vous aurez fait que cette quantité d'êtres qui sont obligés, par la force des choses, à rester en bas de l'échelle sociale sentiront plus profondément la misère de leur néant.

Rien ne serait plus juste, plus philanthropique que cette idée; mais du moment qu'ils doivent forcément rester dans leur condition première, à quoi bon? Vous n'arriveriez qu'à augmenter le nombre de ces parvenus de l'intelligence qui excitent les révolutions. C'est ce qui explique le ferment révolutionnaire qui couve à Paris, et qui pour ainsi dire est nul en province. L'ouvrier parisien est légèrement lettré, tandis qu'en province il ne sait pas, il est ignorant. Il ne prend part à une révolution que lorsque Paris l'a activée.

***

Le principe autoritaire est perdu en France, et pour longtemps La faute en est à la presse socialiste, où des écrivains de grand talent s'inspirant de Voltaire, de Jean-Jacques, de Diderot, etc., etc., émettent des idées qui seraient sans dangers pour des esprits supérieurs, ont une portée fatale sur des esprits inférieurs. Ils discutent avec une froide logique tout l'édifice religieux et social. Ils ne pensent donc pas que pour que le peuple supporte la misère de sa condition, il faut absolument qu'il croie à Dieu, qu'il ait le respect des pouvoirs établis? Mais ces écrivains ne font *ni une ni deux*, ils suppriment Dieu; ils ridiculisent le respect dû aux souverains; ils ridiculisent l'armée qu'ils appellent l'impôt du sang ; le patriotisme qu'ils suppriment, en disant que tous les peuples sont frères; la guerre qu'ils traitent de barbarie.

Qu'arrive-t-il ? Le peuple n'ayant aucune croyance devient terrible! Il fait les Journées de Juin et la Commune; cela se comprend. L'homme supérieur qui ne croit pas est effrayé lorsqu'il songe à ce que l'on ose faire lorsque rien ne vous retient.

***

Mais où l'homme inférieur me semble naïf, c'est lorsqu'il arrive au pouvoir, et qu'il est tout étonné de ne pouvoir être obéi. On lui jette au visage les raisons qu'il professait naguère.

Je vous accorde, à vous, homme supérieur, que vous avez le droit de trouver la religion ridicule, le respect à la souveraineté absurde, que tous les hommes sont égaux, que la guerre est une coutume sanguinaire; soit. Mais, grands dieux ! gardez-les pour vous, ces idées, vous ne voyez donc pas que vous menez la France à la ruine; qu'avec ces malheureux principes, le peuple, n'étant plus soutenu par l'espérance d'une vie meilleure, voudra jouir de suite; alors, vous connaissez le programme : émeutes, incendies, meurtre et rapine.

Et la funeste fantaisie qu'ont nos grands poëtes contemporains, parmi lesquels je mettrai Victor Hugo en première ligne, d'abaisser ce qui est grand et d'élever ce qui est bas. Ils inspirent au peuple une fatuité funeste. Vous faites de l'opposition, soit; mais depuis 89 vous faites de l'opposition, non pas pour *améliorer* ce qui est juste, mais pour détruire. Le peuple est bête et féroce, car un jour il criera : vive l'Empereur ! à Berlin ! Le lendemain : vive Gambetta ! vive la Commune ! Le surlendemain : vive la ligne ! Il applaudira à l'exécution de ceux qu'il acclamait la veille. Tout cela serait grotesque, si le hideux souvenir du sang, de l'incendie, et de l'or dépensé en pure perte n'arrêtait le sourire.

Cependant les révolutions se suivent, sans que ni l'expérience, ni les castastrophes portent leur fruit. Le peuple continue à suivre le premier rhéteur venu qui lui parlera de liberté et le traitera comme son égal.

Car, je le répète, le peuple est bête, et il ne s'imagine pas que l'homme supérieur qui a besoin de son aide, et qui lui serre la main, se moque de lui. L'ouvrier se dit : il n'est pas fier celui-là; il donne la main au peuple ! Il ne se dit pas que l'homme supérieur qui lui serre la main, lui veut moins de bien que le grand seigneur qui le tient à l'écart et qui, cependant, fera tous ses efforts pour améliorer son sort, tout en lui marquant la distance qui les sépare. Il lui sera peut-être plus utile que le républicain qui le flatte pour servir ses projets ambitieux, et qui se débarrassera de lui une fois son ambition satisfaite. Il ne se doute pas qu'il n'y a rien de plus *aristot* que les républicains; rien n'est plus vrai, est-il besoin de le dire; y a-t-il rien de plus fier que l'ouvrier devenu patron et les parvenus ? Ce que je dis là n'est pas pour leur en faire un reproche, mais pour prouver qu'il est absolument nécessaire qu'il y ait des démarcations dans la société, quoique, à tout prendre, la fierté du grand seigneur soit juste, et que la morgue du parvenu soit risible; car, rien n'est plus poli et plus conciliant qu'un véritable gentilhomme : il a conscience de la noblesse de sa race.

Rien n'est plus arrogant qu'un parvenu; il a toujours

peur qu'on le trouve vulgaire, ce qui le porte à s'imaginer que la grossièreté est de la distinction.

Avec les esprits vulgaires, il faut mettre les points sur les *i*. Je dis et je maintiens que le peuple n'a pas d'opinion. La preuve en est dans les réponses idiotes des insurgés de la Commune, auxquels on demandait pourquoi ils avaient pris les armes.

— C'était pour les 30 sous ! répondaient-ils.

L'idée d'un gouvernement populaire est donc une folie. Laisser nos destinées au peuple, entre les mains duquel on a mis cette force absurde et dangereuse qui s'appelle le suffrage universel, et qui ne peut servir qu'aux ambitieux de toute nature !

Que diriez-vous d'un négociant qui ferait monter ses employés pour leur soumettre les projets qu'il aurait pour son négoce, et qui leur demandrait de voter, oui ou non ? — Vous diriez que c'est un fou.

Voilà cependant l'idéal d'une république. Lorsque vous discutez la forme du gouvernement avec un républicain, que le manqne de fortune, le refus d'une place, ou une basse extraction, ont fait républicain, il vous citera comme preuve à l'appui la république de l'antiquité, ou l'inévitable république des Etats-Unis d'Amérique. Il ne pense donc pas que dans les républiques de l'antiquité, l'esclave remplaçait le peuple, ce qui était pire, et que les Etats-Unis d'Amérique sont situés dans un pays vierge; que la république est possible où il n'y a pas d'aristocratie de race. Cependant, les Etats-Unis ne fleurissent que depuis un siècle, ne prospèrent que par leur puissance commerciale et par leur esprit éminemment pratique. Ils ne comptent, depuis ce temps, aucune supériorité intellectuelle, si ce n'est Edgard Poë dont le mélancolique génie étouffa au sein de cette vaste *barbarie éclairée au gaz* que l'on appelle les Etats-Unis d'Amérique. Pourquoi avez-vous la manie de vouloir que le peuple se gouverne lui-même, quand vous savez que ce n'est qu'un instrument imbécile ? Vous ne voulez pas de Royauté absolue. C'est le mot d'Empire et de Royauté qui vous choque. Ce n'est pas la forme, c'est le mot.

Mais, même avec une république, vous serez obligé de recourir, dans les moments de crise, à une dictature, qui est le gouvernement absolu, le trône en moins. Je comprends dans un sens qu'une république vous convienne mieux ; car, avec une république toutes les petites ambitions ont l'espérance de se satisfaire; au lieu de la lutte des partis pour un trône, vous avez la lutte des prétendants à la présidence. Vous aurez toujours la même chose sous un autre nom.

La Bourgeoisie aime la république parce que chacun a l'espérance d'arriver à une place officielle quelconque. Quoique je ne sache pas de chose plus pernicieuse que cette ridicule fatuité inspirée en France par les exploits du soldat légendaire, qui s'est élevé des derniers rangs de l'armée à la pourpre impériale. Combien n'y a-t-il pas de pauvres diables qui, en mangeant le pain de la misère, pensent avec espoir que tel ou tel grand homme, célèbre aujourd'hui, est sorti des derniers rangs de la société. Ces idées-là sont malsaines, car les hommes qui se croient incompris ou méconnus font des révolutions; du reste, l'on a toujours tort de flatter la vanité de ceux qui sont au bas de l'échelle sociale.

« Peuple, que tu es beau dans ta colère ! » a dit un publiciste de talent dans je ne sais quel article qui fit sensation après les journées de 1830. — Mais ce peuple que vous acclamez, s'il n'est pas ignoble, il est inconscient de ses actes.

Il m'est impossible d'approuver la manière dont on a

travesti la légende révolutionnaire, le rôle magnifique que l'on a fait au peuple dans la levée en masse de 92, car ceux qui ont lu l'histoire savent bien que si les armées de la révolution ont reçu des volontaires dans leurs rangs ; ces volontaires qui, par la suite, furent d'excellents soldats, ne furent pour elle qu'une cause de trouble. Je le dis et je le maintiens, si la France a pu repousser l'invasion de 92, c'est grâce à l'ancienne armée royale, encore a peu près intacte et composée, pour la plupart, d'anciens soldats que la Convention avait rappelé sous les drapeaux, et non pas à la levée en masse des volontaires.

Du reste, il est temps, s'il n'est trop tard, de montrer le néant de tous ces prétendus miracles qui auraient été accomplis par les bataillons en sabots et en guenilles de la révolution. Stupide et ridicule manie, que l'on a eue de flatter et laisser croire au peuple qu'il était sublime lorsqu'il n'était qu'ignoble.

Ce que je ne puis non plus approuver, c'est l'habitude que l'on a prise en France, depuis le règne du roi-citoyen, de placer à la tête d'un département ou d'une ville, ou même d'un chef-lieu de canton, des individualités qui sortent des classes intermédiaires; le prestige, cette chose si nécessaire pour gouverner, n'existe plus. C'est ce qu'avait bien compris Napoléon Ier lorsque, dans l'héroïque année de 1814, il disait : Je sauverais la France si j'étais seulement mon petit-fils.

Il voulait dire par là que, malgré le prestige miraculeux de son génie aux yeux de l'Europe, il n'était qu'un parvenu de l'ambition, et que, sous la pourpre impériale, on revoyait la petite redingote de l'officier de fortune.

***

Qu'avez-vous fait, en résumé ? — Notre merveilleuse révolution de 89 dont vous êtes si fiers.

Vous avez tué la Noblesse et la Religion, deux choses discutables, mais nécessaires à la force d'un État, pour mettre à la place les classes intermédiaires qui ont tous les vices de l'ancienne aristocratie, sans en avoir les grandes qualités.

La religion vous la tuez. Cependant la plupart des hommes éminents de la révolution, tels que Talleyrand, Foucher, l'abbé Sieyès, etc., etc., sortent de son sein. Une aristocratie puissante est nécessaire pour la force guerrière et intellectuelle d'une grande nation. Depuis un siècle nous avons fait de grands pas dans les découvertes scientifiques, inventions, mécaniques, etc., mais comme avancement intellectuel, non; nous avons reculé depuis le siècle de Louis XIV.

Donc la religion est nécessaire, car elle sert de *frein.*

Il est un fait ; si vous rencontrez un chien enragé, et que vous vous sauviez, il bondit sur vous; si, au contraire vous montrez une contenance ferme, il passera sans vous molester. Telle a presque toujours été la conduite des gouvernements qui se sont succédés depuis 89; c'est pourquoi l'autorité est tuée en France. La populace qui, pendant ce siècle, a campé en armes dans la demeure des Rois, a perdu toute idée du prestige autoritaire. Lorsqu'un gouvernement a voulu prendre des mesures d'ordre pour la société, il s'est heurté à ce sourd grondement des masses, qui cherchaient déjà le fusil rouillé de l'émeute.

Voyant cela, Guizot a dit cette parole qui lui fut tant reprochée :

Travailles et enrichis-toi !

C'est ce qu'il a fait, et il est resté dans un morne et silencieux abattement, excepté quand le vent de l'émeute souffle. Alors, le fusil qu'il ne prendrait pas pour défendre la Patrie, il le prend pour tirer sur le pouvoir.

Vous pouvez être satisfait, l'incrédulité est dans tous

les cœurs ; vous avez tellement inculqué les principes du philosophe de Ferney, qu'il n'y a plus aucune croyance ; et une nation incrédule est une nation morte.

Il me souvient d'une parole profonde que j'ai entendu dire à un vieux diplomate sous forme de paradoxe; elle disait ceci :

Une nation assez bête pour vénérer son Dieu et son Empereur, comme la nation russe, qui a pour le Czar un fétichisme particulier, où aucun passant ne croisera un pope dans les rues de Moscou sans s'incliner, cette nation-là est grande et forte.

Je sais qu'à regarder ceci au point de vue philosophique, c'est ridicule ; mais, je le répète, ce sont des croyances nécessaires qui n'existent plus en France. Sauf dans ce petit coin qui s'appelle la Bretagne, sur la figure du paysan l'on peut lire le sentiment de la brute dévouée et sublime, qui a pour devise, malgré tout, ces paroles dont on ne peut s'empêcher d'admirer le dévouement tenace : *Dieu et le Roi.*

Malheureusement, il n'en est pas de même dans toute la France. La presse qui, malgré la liberté qu'on lui refuse, et que les gouvernements républicains ne lui ont pas accordée, donne raison, par ce fait, aux gens qui prétendent qu'étant donné le caractère français, la liberté de la presse est chose presque impossible. Elle tuerait un gouvernement plus vite qu'une révolution.

Qui ne se souvient que c'est Rochefort, ce gamin de génie, qui, le premier, ébranla l'empire en faussant l'opinion publique dans son journal *la Marseillaise* et dans *la Lanterne.*

Les républicains parlent toujours avec orgueil de leur grande révolution, mais point n'était besoin de ceci pour avoir cette chose insaisissable qui s'appelle la liberté. Les anglais qui ne l'ont pas faite sont plus libres que nous.

Les améliorations, au lieu de se faire brusquement, se seraient accomplies insensiblement. Le bon d'une Royauté est ceci : L'orsqu'un Roi meurt, l'on crie comme au temps jadis : le Roi est mort ! vive le Roi ! Et tout reste dans son état normal.

Lorsque le Président d'une république quitte le pouvoir ou meurt, tout est remis en question. C'est ce qui fait la supériorité d'une Royauté, même parlementaire, sur une république.

Il y a en France deux forces: l'une passive, l'autre brutale.

L'une mercantile qui ne demande qu'à faire ses affaires, et qui a vu brûler et bombarder Paris sans prendre parti ni pour ni contre ; l'autre turbulente, et s'occupant de donner le pouvoir au parti dont elle s'est fait une idole, sans penser à la Patrie, ni à la Prusse qui guette avec la sournoiserie du chat.

De tout ce chaos sortira une révolution qui sera aussi sanglante que celle de 93, mais que la gloire de nos armées n'excusera pas, et dont ceux qui l'auront faite seront les premières victimes.

LÉON GAMBETTA

DEVANT

L'OPINION PUBLIQUE

Lorsque l'on examine de près cette célébrité qui s'appelle Gambetta, l'on admire le talent de l'orateur, mais l'homme politique n'excite que le sourire.

Physiquement, Léon Gambetta résume tout le caractère de la populace. Il connaît cet art de parler aux natures grossières ce langage imagé qui les entraîne. Il ne manque pas de souplesse ni de ruse; il n'a pas le sang italien pour rien.

Il sait parler, selon une expression populaire : *poil aux bêtes et plumes aux oiseaux*; c'est-à-dire aux serins. Ce cyclope de la gauche, Gambetta, a la tête volumineuse et commence à grisonner; la figure a des tons sanguins ; l'œil fixe et pénétrant s'éclaire par moments d'une lueur soudaine ; un cou épais et vulgaire, la largeur des épaules, le geste qui n'est pas énergique, mais brutal. Le tout réuni a le don d'exciter le peuple qui voit en lui la fidèle image des haines, des désirs, des appétits qui couvent dans son sein, et qu'il a pour tout ce qui est au-dessus de lui; s'il a la violence du peuple, il en a aussi la faiblesse.

Mais ce qui fait sa force, c'est l'intelligence avec laquelle il sait mettre les points sur les *i* pour se faire comprendre de ce peuple dont il est l'idole. Lorsque, en 1870, Gambetta se jeta sur la dictature, il me fit l'effet d'un affamé qui se jette sur un morceau de pain ; il avait l'ambition d'être quelque chose ; que dis-je ? d'être chef suprême ! à l'époque où tout le monde était quelque chose et où personne n'était rien ; il n'avait rien, il ne risquait rien, que de s'enrichir.

Ce n'est pas Thiers, ce nain de génie qui eût accepté la lourde charge de dictature pendant la lutte de 1870-71 ; il a trop d'expérience et de finesse pour accepter une mission qu'il savait ne pas pouvoir remplir, et pour jouer en un coup de dés une célébrité de trente ans.

Saisissez la nuance. Le 4 septembre arrive, Gambetta se jette sur le pouvoir. Thiers se retire à l'écart, parce qu'il ne voulait pas tenter l'impossible. Il se réservait, car il savait que lorsque la France serait fatiguée des sanglantes folies de la Défense nationale, elle viendrait à lui; il savait bien qu'il était le seul homme que l'Europe prendrait au sérieux, et avec qui la Prusse traiterait. Thiers nous a sauvé de l'anarchie où nous avait conduit les hommes de la Défense; mais l'histoire implacable dira ceci : que Thiers a laissé la Commune mûrir, pour avoir un prétexte de sauver la France, et pour avoir le plaisir de jouer au soldat; car Thiers a l'amour de la guerre. Les études qu'il a faites sur tous les champs de bataille de l'Europe en sont une preuve concluante, et je suis convaincu qu'il y avait en lui l'étoffe d'un grand stratégiste.

Léon Gambetta peut être considéré comme un homme dangereux. Il l'est, car sa parole est une magie, et il est arrivé à cet âge où les hommes supérieurs qui ont vécu ne trouvent pas de plus belle maîtresse que la politique.

Méchant, il l'est; car l'on ne mène pas impunément

cette vie obscure de la *bohême* parisienne sans amasser des trésors de haine et d'amertume contre ceux qui ont et qui vous dominent. Il est méchant, car il est incomplet, et il n'y a rien de plus foncièrement méchant que les créatures qu'un malheureux hasard a rendu infirmes; ils portent haine aux créatures qui sont complètes.

Remarquez une observation connue, que le parti républicain recrute ses adeptes parmi ceux qui n'ont rien. Je ne voudrais jamais croire que Gambetta ait une opinion invariable en politique; je lui accorde trop d'esprit pour cela. S'il avait eu 20 ans à l'époque où il prêchait la guerre à outrance, on pourrait lui pardonner, car cela s'expliquerait par une jeune imagination enflammée par les récits de l'invasion de 92; mais il avait 35 ans, cet âge où la pensée mûrit; il a jeté de sang-froid la France dans une lutte terrible. Il n'a jamais pu croire à une réussite. Lorsque l'on fait des folies aussi coupables que celles-là, il faut réussir; car si on ne réussit pas, l'on est imbécile ou coupable; il est intelligent, donc il est coupable. Il a bien essayé de dire dans ce style imagé dont il a le secret, qu'il avait sauvé l'honneur de la France. J'ai le regret de lui dire que NON.

N'aurait-il pas mieux valu faire une paix immédiate après la triste capitulation de Sedan que de montrer à l'Europe qu'en France il n'y avait ni patriotisme, ni dignité. Était-ce nécessaire de montrer que le patriotisme n'était qu'un mot; de montrer que nos généraux trahissaient; de traîner notre belle *Marseillaise* dans la boue de la déroute; que les paysans recevaient nos soldats à coups de fourches et les Prussiens à bras ouverts.

Qui ne se souvient du honteux trafic qu'entretenaient les classes commerciales dans les départements occupés, où les Prussiens avaient des espions?

Pitoyable spectacle de cette déroute qui a duré près de

BIBLIOTHÈQUE NATIONALE IMPRIMÉS

7 mois, et qui n'a été que la caricature de l'invasion de 92. Car un peuple ne réussit jamais deux fois la même chose.

Lamentable époque, où l'on a vu une foule de déclassés grignotter, comme des rats, les richesses immenses de la France, et où des hommes, que l'histoire ne saurait trop flétrir, se sont enrichis en envoyant au feu leurs frères avec des souliers de carton, et des fusils qui avaient un point de ressemblance avec eux, *car ils ne partaient pas.* Et tout ce sang, toutes ces misères, pour que Léon Gambetta et le burlesque Pipe-en-Bois, comme *Don Quichotte et Sancho*, puissent se promener, dans l'ex-train impérial, de Bapaume à Saint-Quentin. où ils ne venaient, entre parenthèse, que pour pérorer sur les tombeaux, car ils venaient toujours après la bataille, jamais avant. Malgré que je sois de l'avis de ceux qui disent qu'un chef ne doit jamais s'exposer à être tué, il eût été bon, je crois, lorsque l'on prêche la lutte à outrance comme le faisait Gambetta, de faire une action d'éclat. Si noblesse oblige, célébrité oblige ; ne serait-ce que pour que l'on puisse dire que si vous êtes coupable, vous n'êtes pas un lâche. Lorsque Napoléon Ier s'élançait sur le pont d'Arcole sous un feu terrible, il pensait bien ainsi ; car, s'il envoyait les autres à la mort, il ne ménageait pas sa vie. Même les adeptes de Gambetta qui ont du cœur ne peuvent approuver la manière pusillanime dont il s'est toujours comporté.

Car, depuis cette mémorable époque où Gambetta a reçu le fameux coup de canne de M. de Saint-Croix, dans la gare Saint-Lazare, il a carrément refusé de se battre avec M. Granier de Cassagnac père, un vieillard de 68 ans, qui, en offrant à Gambetta de croiser le fer avec lui, lui donnait une leçon de courage chevaleresque. Gambetta se retranche toujours derrière cette banalité stupide, en répondant au journal *Le Pays*, que M. de Cassagnac fils était un lâche puisqu'il n'avait pas voulu se battre avec

Clémenceau. Comme si, lorsqu'on a vingt fois fait ses preuves, on n'avait pas le droit de choisir ses adversaires. Si Gambetta ne veut pas se battre, il ne doit pas insulter. Gambetta, lorsqu'on l'insulte, ne frappe pas avec l'épée, mais il se sert de cette arme des lâches ou des faibles, qui s'appelle la loi. Il est trop grand et trop intelligent pour qu'on lui applique des oreilles d'âne, mais on pourrait lui mettre des *oreilles de lièvre*.

***

Je sais bien que les défenseurs de Gambetta me diront qu'il n'a pas déclaré la guerre, mais ce n'était pas une raison pour continuer cette criminelle folie : *la guerre de* 1870, et de faire qu'en quelques mois toute la gloire militaire de la France soit anéantie, et qu'elle fut réduite à vivre, comme une vieille coquette, du souvenir de ses triomphes passés.

Ce mot, *à outrance*, n'a servi qu'aux Prussiens qui auraient pu nous écraser d'un coup, après la chute de Metz, où se trouvait la seule armée qui aurait pu leur tenir tête.

Les Prussiens trouvaient charmant de prolonger la guerre, afin de vivre à nos dépens.

***

Voilà ce que vous avez fait, M. Léon Gambetta. Le point de départ de votre conduite, le voici : Parce que vous êtes roturier, vous attaquez la noblesse; quand vous étiez obscur, vous attaquiez les célébrités de tous genres par la rage que vous aviez d'être en bas de l'échelle sociale.

Vous vous moquez du faubourg Saint-Germain, parce que vous n'avez jamais pu y mettre les pieds sérieusement, je présume que vous ne les y mettrez jamais.

Vous lui attribuez les goûts et les vices qu'ont vos

amis des classes intermédiaires. Vous avez le caractère aigri, et si vous aviez deux yeux, vous seriez capable de vous en crever un, pour en crever deux à votre ennemi.

Je ne vous ai vu que deux fois, Monsieur ; ces deux fois-là, j'ai vu l'homme et je l'ai jugé.

La première fois que je vous vis, c'était à l'époque du procès que souleva l'affaire du cimetière Montmartre, procès qui fit votre réputation dans un salon du faubourg Saint-Germain où l'on vous reçut à titre de curiosité politique; malgré la réception toute gracieuse qui vous fut faite, l'on voyait, comme on le dit vulgairement, que vous n'étiez pas dans votre assiette. Vous fûtes embarrasssé, et celui qui vous aurait vu sans vous connaître, ne se serait jamais douté que c'était là le jeune tribun dont la voix commençait à donner des inquiétudes à cette statue aux pieds d'argile qui s'appelait l'Empire.

A part quelques phrases de banalité polies que vous répondîtes à la maîtresse de la maison, vous ne desserrâtes pas les dents. Pourquoi ? parce que vous aviez encore le tact de comprendre que vos paroles imagées ne prendraient guère sur ces imaginations raffinées, et que, malgré toute leur politesse, vous sentiez bien qu'ils ne vous acceptaient pas pour un des leurs.

Vous partîtes enfin, car, pour vous, cette situation était un supplice; vous vous sentiez en face de gens qui pouvaient vous juger, et, en sortant, vous fîtes ce quefont les faux gentilshommes auxquels le monde conteste leur titre, et qui se font traiter de monseigneur par leur valet; vous fîtes la même chose, car vous allâtes vous faire traîter de grand homme par vos amis des clubs.

Après votre départ, quelqu'un dit ce mot profond: *Voilà un homme qui ne nous pardonnera pas la sotte figure qu'il vient de faire ici.* » Cette remarque avait une profondeur que l'avenir a justifiée. Vous leur en vouliez à ces gens-là de leur richesse, de leur distinction, de leur grâce, même de leur mise; car vous étiez venu dans cette tenue de la jeunesse pauvre et studieuse; décente, mais qui trahit la gêne; qui sait si la pauvreté n'a pas influé sur vos idées politiques! Vous qui parlez d'égalité, et ne vous croyez l'égal de personne, qui sait si, au lieu d'être le fils d'un petit médecin de Marseille, vous aviez été le fils d'un grand seigneur, si vous aviez joui de ce luxe qui adoucit le caractère, si vous aviez été dans le monde, si vous aviez vu l'avenir s'ouvrir à vous riant de promesses, croyez-vous que vous auriez été républicain?

Vous êtes ambitieux, mais vous êtes de ces ambitieux à tout prix, même aux dépens de votre pays. L'on pardonne beaucoup au génie, mais vous ne ferez jamais ce qui fit pardonner à l'homme le plus vicieux du siècle, mais aussi le plus fin, Talleyrand, dont la vie n'est qu'un tissu d'infamies géniales. Il sauva la France du démembrement en 1814 et 1815; ce que vous n'avez pas su faire, car vous avez fait le contraire de Carnot: vous avez organisé la défaite. Vous n'avez fait que continuer la guerre, et vous avez laissé à d'autres la honte de traiter de notre démembrement et d'endosser le poids de vos gasconnades.

La dernière fois que je vous vis, c'était à Laval, en 1871, après la bataille du Mans; vous parlâtes deux heures devant une foule compacte de soldats, de mobiles, de francs-tireurs, dont l'équipement et la mine attestaient les épouvantables souffrances endurées pendant cette campagne d'hiver.

Cette foule, à votre arrivée, vous était hostile, mais vous saviez à quel public vous aviez affaire. Vous préférez, avec assez de raison, le suffrage des sots à celui des gens d'esprit; celui qui a les sots pour lui a une immense majorité. Cela explique la dangereuse magie du talent d'un orateur adroit sur les masses, car tous ces malheureux qui revenaient de la défaite, vous acclamèrent à la fin, en criant ce mot qui était une dérision : *A outrance !* Où était-elle donc la possibilité d'une résistance à outrance ? Était-ce dans la boue du camp de Conlie ?

***

Quelques mois plus tard, vous étiez en Espagne, et vos amis faisaient la Commune. Je ne serai pas de ceux qui vous reprochent de ne pas avoir partagé le sort de ceux que vos doctrines avaient entraînés. Mais ce que je vous reproche, c'est cette prudence basse des félins qui vous poussait à surveiller la fin des évènements pour voir qui l'emporterait. Car, je le crois, si la Commune avait triomphé, vous l'auriez servie avec le même entrain que celui avec lequel vous l'avez désavouée lorsqu'elle a été vaincue.

Depuis cette époque, vous vous êtes remis en évidence, tâchant d'exciter le trouble dans les esprits en faisant des tournées en province, où vous faites des discours devant un morceau de veau, et je me plais à croire que c'est pour entretenir la perturbation dans les esprits ; autrement cela trahirait un amour immodéré du veau.

Vous êtes bien coupable, Monsieur Gambetta, car vous n'êtes pas un homme d'Etat, et ne le serez jamais ; mais vous êtez un homme de sens et un grand orateur. Vous alourdissez bien la charge qui pèsera sur vous dans l'histoire. Vous n'avez plus l'excuse de la jeunesse où l'on croit aux utopies humanitaires. Vous savez que les utopies démocratiques, l'*Egalité*, la *Fraternité*, la *Liberté*, sont des choses bonnes en théorie, mais impossibles en pratique.

L'histoire pardonne aux hommes de génie qui ont des vices ; elle les leur pardonne, à condition que leurs vices profitent à leur pays.

Tel a été le cas de Richelieu ; car l'opinion publique sait qu'il faudrait être naïf pour demander des hommes politiques vertueux. Mais vous êtes de ceux qui ne veulent servir que leur ambition, et vous continuerez à ébranler l'édifice social, jusqu'au jour où l'émeute que vous déchaînez vous fera monter sur l'autel de cette madone de la révolution que le peuple, dans son pittoresque langage, appelle la *Veuve* (1). Alors vous réfléchirez, mais il sera trop tard !

G. GÉO-RÉMY.

(1) La Guillotine.

BIBLIOTHÈQUE NATIONALE R.F. IMPRIMÉS

11736 — Nantes, Imp. administrative de Paul Plédran, quai Cassard, 5.

www.ingramcontent.com/pod-product-compliance
Ingram Content Group UK Ltd.
Pitfield, Milton Keynes, MK11 3LW, UK
UKHW020549230726
13925UKWH00006B/2473